Date I bought my Puppy home _____

Puppies Name _____

Color _____ Age _____

Weight _____ Height _____

Favorite Food _____

Favorite Toy _____

Date of first Bath _____

Date of first Trick _____

Date of first Walk _____

Date _____

Age when picture was taken _____

Picture was taken at _____
_____

Place picture here

All about my Puppy

My Puppies dislikes _____

_____

What my Puppy has learnt _____

_____

_____

_____

Date _____

Age when picture was taken _____

Picture was taken at _____
_____

Place picture here

All about my Puppy

My Puppies dislikes _____

_____

What my Puppy has learnt _____

_____

_____

_____

Date _____

Age when picture was taken _____

Picture was taken at _____
_____

Place picture here

All about my Puppy

My Puppies dislikes _____

_____

What my Puppy has learnt _____

_____

_____

Date _____

Age when picture was taken _____

Picture was taken at _____
_____

Place picture here

All about my Puppy

My Puppies dislikes _____

_____

What my Puppy has learnt _____

_____

_____

_____

Date _____

Age when picture was taken _____

Picture was taken at _____

_____

Place picture here

All about my Puppy

My Puppies dislikes _____

_____

What my Puppy has learnt _____

_____

_____

_____

Date _____

Age when picture was taken _____

Picture was taken at _____
_____

Place picture here

All about my Puppy

My Puppies dislikes _____

_____

What my Puppy has learnt _____

_____

_____

_____

Date _____

Age when picture was taken _____

Picture was taken at _____

_____

Place picture here

All about my Puppy

My Puppies dislikes _____

_____

What my Puppy has learnt _____

_____

_____

_____

Date _____

Age when picture was taken _____

Picture was taken at _____

_____

Place picture here

All about my Puppy

My Puppies dislikes _____

_____

What my Puppy has learnt _____

_____

_____

_____

Date _____

Age when picture was taken _____

Picture was taken at _____

_____

Place picture here

All about my Puppy

My Puppies dislikes _____

_____

What my Puppy has learnt _____

_____

_____

_____

Date _____

Age when picture was taken _____

Picture was taken at _____

_____

Place picture here

All about my Puppy

My Puppies dislikes _____

_____

What my Puppy has learnt _____

_____

_____

_____

Date _____

Age when picture was taken _____

Picture was taken at _____

_____

Place picture here

All about my Puppy

My Puppies dislikes _____

_____

What my Puppy has learnt _____

_____

_____

_____

Date _____

Age when picture was taken _____

Picture was taken at _____

_____

Place picture here

All about my Puppy

My Puppies dislikes   _____

_____

What my Puppy has learnt   _____

_____

_____

_____

Date _____

Age when picture was taken _____

Picture was taken at _____

_____

Place picture here

All about my Puppy

My Puppies dislikes _____

_____

What my Puppy has learnt _____

_____

_____

_____

Date _____

Age when picture was taken _____

Picture was taken at _____

_____

Place picture here

All about my Puppy

My Puppies dislikes _____

_____

What my Puppy has learnt _____

_____

_____

Date _____

Age when picture was taken _____

Picture was taken at _____
_____

Place picture here

All about my Puppy

My Puppies dislikes _____

_____

What my Puppy has learnt _____

_____

_____

_____

Date _____

Age when picture was taken _____

Picture was taken at _____

_____

Place picture here

All about my Puppy

My Puppies dislikes _____

_____

What my Puppy has learnt _____

_____

_____

_____

Date _____

Age when picture was taken _____

Picture was taken at _____

_____

Place picture here

All about my Puppy

My Puppies dislikes _____

_____

What my Puppy has learnt _____

_____

_____

_____

Date _____

Age when picture was taken _____

Picture was taken at _____

_____

Place picture here

All about my Puppy

My Puppies dislikes   _____

_____

What my Puppy has learnt   _____

_____

_____

_____

Date _____

Age when picture was taken _____

Picture was taken at _____

_____

Place picture here

All about my Puppy

My Puppies dislikes _____

_____

What my Puppy has learnt _____

_____

_____

_____

Date _____

Age when picture was taken _____

Picture was taken at _____

_____

Place picture here

All about my Puppy

My Puppies dislikes _____

_____

What my Puppy has learnt _____

_____

_____

_____

Date _____

Age when picture was taken   _____

Picture was taken at   _____

_____

Place picture here

All about my Puppy

My Puppies dislikes _____

_____

What my Puppy has learnt _____

_____

_____

_____

Date _____

Age when picture was taken _____

Picture was taken at _____

_____

Place picture here

All about my Puppy

My Puppies dislikes   _____

_____

What my Puppy has learnt   _____

_____

_____

_____

Date _____

Age when picture was taken _____

Picture was taken at _____
_____

Place picture here

All about my Puppy

My Puppies dislikes _____

_____

What my Puppy has learnt _____

_____

_____

_____

Date _____

Age when picture was taken _____

Picture was taken at _____

_____

Place picture here

All about my Puppy

My Puppies dislikes _____

_____

What my Puppy has learnt _____

_____

_____

_____

Date _____

Age when picture was taken _____

Picture was taken at _____

_____

Place picture here

All about my Puppy

My Puppies dislikes _____

_____

What my Puppy has learnt _____

_____

_____

_____

Date _____

Age when picture was taken _____

Picture was taken at _____

_____

Place picture here

All about my Puppy

My Puppies dislikes _____

_____

What my Puppy has learnt _____

_____

_____

_____

Date _____

Age when picture was taken _____

Picture was taken at _____
_____

Place picture here

All about my Puppy

My Puppies dislikes _____

_____

What my Puppy has learnt _____

_____

_____

_____

Date _____

Age when picture was taken _____

Picture was taken at _____
_____

Place picture here

All about my Puppy

My Puppies dislikes   _____

_____

What my Puppy has learnt   _____

_____

_____

_____

Date _____

Age when picture was taken _____

Picture was taken at _____

_____

Place picture here

All about my Puppy

My Puppies dislikes _____

_____

What my Puppy has learnt _____

_____

_____

_____

Date _____

Age when picture was taken _____

Picture was taken at _____
_____

Place picture here

All about my Puppy

My Puppies dislikes _____

_____

What my Puppy has learnt _____

_____

_____

_____

Date _____

Age when picture was taken _____

Picture was taken at _____

_____

Place picture here

All about my Puppy

My Puppies dislikes _____

_____

What my Puppy has learnt _____

_____

_____

_____

Date _____

Age when picture was taken _____

Picture was taken at _____
_____

Place picture here

All about my Puppy

My Puppies dislikes _____

_____

What my Puppy has learnt _____

_____

_____

_____

Date _____

Age when picture was taken _____

Picture was taken at _____
_____

Place picture here

All about my Puppy

My Puppies dislikes _____

_____

What my Puppy has learnt _____

_____

_____

_____

Date _____

Age when picture was taken _____

Picture was taken at _____

_____

Place picture here

All about my Puppy

My Puppies dislikes _____

_____

What my Puppy has learnt _____

_____

_____

_____

Date _____

Age when picture was taken _____

Picture was taken at _____
_____

Place picture here

All about my Puppy

My Puppies dislikes _____

_____

What my Puppy has learnt _____

_____

_____

_____

Date _____

Age when picture was taken _____

Picture was taken at _____

_____

Place picture here

All about my Puppy

My Puppies dislikes _____

_____

What my Puppy has learnt _____

_____

_____

_____

Date _____

Age when picture was taken _____

Picture was taken at _____

_____

Place picture here

All about my Puppy

My Puppies dislikes _____

_____

What my Puppy has learnt _____

_____

_____

_____

Date _____

Age when picture was taken _____

Picture was taken at _____
_____

Place picture here

All about my Puppy

My Puppies dislikes _____

_____

What my Puppy has learnt _____

_____

_____

_____

Date _____

Age when picture was taken _____

Picture was taken at _____
_____

Place picture here

All about my Puppy

My Puppies dislikes   _____

_____

What my Puppy has learnt   _____

_____

_____

_____

Date _____

Age when picture was taken _____

Picture was taken at _____

_____

Place picture here

All about my Puppy

My Puppies dislikes _____

_____

What my Puppy has learnt _____

_____

_____

Date _____

Age when picture was taken _____

Picture was taken at _____

_____

Place picture here

All about my Puppy

My Puppies dislikes _____

_____

What my Puppy has learnt _____

_____

_____

_____

Date _____

Age when picture was taken _____

Picture was taken at _____

_____

Place picture here

All about my Puppy

My Puppies dislikes _____

_____

What my Puppy has learnt _____

_____

_____

_____

Date _____

Age when picture was taken _____

Picture was taken at _____

_____

Place picture here

All about my Puppy

My Puppies dislikes _____

_____

What my Puppy has learnt _____

_____

_____

_____

Date _____

Age when picture was taken _____

Picture was taken at _____

_____

Place picture here

All about my Puppy

My Puppies dislikes _____

_____

What my Puppy has learnt _____

_____

_____

_____

Date _____

Age when picture was taken _____

Picture was taken at _____
_____

Place picture here

All about my Puppy

My Puppies dislikes _____

_____

What my Puppy has learnt _____

_____

_____

_____

Date _____

Age when picture was taken _____

Picture was taken at _____

_____

Place picture here

All about my Puppy

My Puppies dislikes _____

_____

What my Puppy has learnt _____

_____

_____

_____

Date _____

Age when picture was taken _____

Picture was taken at _____

_____

Place picture here

All about my Puppy

My Puppies dislikes _____

_____

What my Puppy has learnt _____

_____

_____

_____

Date _____

Age when picture was taken _____

Picture was taken at _____

_____

Place picture here

All about my Puppy

My Puppies dislikes _____

_____

What my Puppy has learnt _____

_____

_____

_____

Date _____

Age when picture was taken _____

Picture was taken at _____

_____

Place picture here

All about my Puppy

My Puppies dislikes _____

_____

What my Puppy has learnt _____

_____

_____

_____

Date _____

Age when picture was taken _____

Picture was taken at _____

_____

Place picture here

Printed in Great Britain
by Amazon